AF248311

NOS DEVOIRS

DANS

LA QUESTION SOCIALE

ET

DANS LA PRESSE

CONTENANT UN RAPPORT

LU A L'ASSEMBLÉE GÉNÉRALE DES CATHOLIQUES

TENUE A PARIS, EN JUIN 1878

PAR F. DELBREIL

Appel à l'union de la presse provinciale.

PARIS-AUTEUIL

IMPRIMERIE DES APPRENTIS ORPHELINS

RUE LA FONTAINE, 40, — ROUSSEL

1878

NOS DEVOIRS

DANS

LA QUESTION SOCIALE

ET

DANS LA PRESSE

CONTENANT UN RAPPORT

LU A L'ASSEMBLÉE GÉNÉRALE DES CATHOLIQUES

TENUE A PARIS, EN JUIN 1878

PAR F. DELBREIL

Appel à l'union de la presse provinciale.

PARIS-AUTEUIL

IMPRIMERIE DES APPRENTIS ORPHELINS

RUE LA FONTAINE, 40, — ROUSSEL

—

1878

Notre situation sociale, déjà bien compliquée, semble se précipiter vers les crises les plus graves.

Quoi qu'on dise et quoi qu'on fasse, deux questions se trouvent inévitablement au fond de toutes les discussions humaines : la question religieuse et la question sociale.

La première ne peut jamais trouver l'homme désintéressé, parce qu'elle touche à sa destinée finale, destinée inachevée ici-bas. C'est là une de ces questions majeures et vivaces, qui ne laissent jamais tranquilles ni les peuples, ni les individus.

La seconde, touchant à la vie matérielle de chaque jour, vie réglée d'avance pour un bien petit nombre d'hommes, aiguillonne les populations comme la faim quotidienne surexcite nos estomacs et ne supporte pas d'ajournements.

La politique la plus sérieuse est là.

Tout gouvernement a pour mission non pas de résoudre à lui tout seul ces deux questions, sources des deux plus grands besoins de l'humanité, mais de prêter la main aux satisfactions que la société a le droit d'attendre. Ces satisfactions s'élaborent, sans doute, dans des sphères distinctes, mais leur poursuite ne se sépare pas sans déchirement et sans lutte.

L'unité religieuse dans un pays aide admirablement à la solution de la question sociale, parce que le devoir seul suffit souvent à trancher volontairement un grand nombre de difficultés que l'habileté ou la force ont de la peine à surmonter seules. Le naturel et le surnaturel se prêtent là un mutuel appui, sans d'ailleurs se confondre.

Malheureusement nous sommes loin des temps où les chrétiens de la primitive Eglise, tous unis de cœur et d'âme, n'avaient aussi qu'une bourse. — Cette communauté naissante avait, d'ailleurs, à compter avec les Juifs et les païens, qui formaient dans la société du temps le plus grand nombre.

Le relâchement du lien religieux, la diversité et l'absence des croyances apportent dans notre société actuelle, un état d'antagonisme qui fait de la question sociale une difficulté qu'on a bien de la peine à aborder, et surtout un péril des plus menaçants.

La religion et la royauté, ces deux grandes forces qui ont créé notre France, avaient établi, avec le concours des populations, une réglementation du travail de laquelle sortirent de grandes œuvres et une paix sociale relative, — la paix absolue n'est pas de ce monde. — Cette réglementation, successivement améliorée dans le cours des âges, appelait des modifications nouvelles lorsque éclata la première révolution. Alors, au lieu d'améliorer, on détruisit, on fit table rase ! L'individualisme, c'est-à-dire tout ce qu'il y a de plus faible et de plus opposé à la nécessité naturelle qui rapproche les hommes entre eux, devint la base de l'organisation sociale moderne.

Les associations furent défendues par des législateurs imprévoyants. Cet état contre nature est encore la légalité, malgré les plaintes et les attaques parties de deux côtés opposés, des catholiques et des non-catholiques.

Les luttes et les souffrances, sorties de cette fausse position, ne se comptent pas ! Que de larmes, que de sang versés !

On a prétendu et on veut encore guérir ces plaies béantes avec les mots : *liberté, égalité, fraternité, suffrage universel, république !*

La société chrétienne, soutenue par sa foi et sa morale, donnait un sens à ces mots, signes de grands devoirs ; mais que sont-ils, lorsqu'ils n'ont plus de sanction dans les cœurs, en proie à l'égoïsme, à la jalousie, à la haine, au désir immodéré des jouissances et à la répugnance des sacrifices? Un monde redevenu païen, plus que païen, car les païens avaient une religion et des devoirs de conscience, ce monde, nouveauté sans pareille dans les annales humaines, ne peut être sauvé par des mots qui, séparés de l'idée chrétienne, n'ont plus de sens ni de portée.

Ce ne sont pas les catholiques seuls qui en montrent le vide.

Ecoutez un des socialistes les plus éminents d'une époque où l'étude des questions sociales comptait des hommes de valeur et de bonne foi.

« Qui ose dire que notre société, telle que nous la voyons, telle qu'elle est sortie, en février 1848, des mains de l'oligarchie bourgeoise de 1830, qui ose dire que cette société réalise, en effet, LA LIBERTÉ, L'ÉGALITÉ, LA FRATERNITÉ?

» — Où sont-ils, les hommes LIBRES?

» Vous faites semblant de regarder

comme LIBRES, parce qu'ils ont le droit illusoire de mettre un vote électoral dans une boîte, ces légions de meurent-de-faim des villes et des campagnes, courbés sous le double esclavage de l'ignorance et de la misère ! LIBRES, ces masses innombrables de prolétaires dépourvus de capitaux et d'instruments de travail et contraints, de par la mort qui plane incessamment sur eux et sur leur famille, de trouver chaque matin un maître consentant à louer leurs bras pour un maigre salaire? LIBRES, ces phalanges innombrables de paysans en haillons, de laboureurs courbés sur la terre, d'ouvriers et d'artisans des cités, de petits industriels et de petits commerçants des villes et des campagnes, qui ne parviennent pas, en travaillant comme des forçats, 15, 16 et 17 heures par jour, à économiser en un an, à eux tous ensemble, ce que tel banquier, tel spéculateur, tel agioteur, tel organe parasite ou improductif de votre système de commerce et de crédit usuraire rafle légalement en un seul coup de bourse ou dans une manœuvre de haut accaparement? Libres, tous ces producteurs, tous ces industriels, tous ces commerçants des classes moyennes, rongés de soucis et d'angoisses, qui ne parviennent pas, malgré des efforts de Sisyphe, à faire face à leurs engagements, à nouer les deux bouts de leurs affaires, à remplir le tonneau sans fond du déficit, sans cesse décimés par des faillites réciproques, par la concurrence anarchique, ruineuse, meurtrière, par la guerre industrielle et commerciale qu'ils se font en état permanent les uns les autres? Libres, ces propriétaires obérés, dévorés par l'usure, écrasés par l'hypothèque, gémissant sous le poids d'une dette dont le chiffre officiel seul monte à 14 milliards? Libres, vos riches eux-mêmes, vos capitalistes, vos intermédiaires parasites gonflés des sucs de l'industrie et du travail, toujours me-

1.

nacés par des crises commerciales qui renversent commé un château de carte l'édifice instable de leur fortune ! toujours sous le coup des révolutions politiques ou sociales qui les font trembler d'avance et les dispersent ou les écrasent quand elles éclatent ; de ces révolutions — entendez bien ceci — de ces révolutions sociales qui resteront à l'ordre du jour de la société moderne jusqu'à ce qu'elle ait résolu son problème ! — Voilà LA LIBERTÉ SOCIALE ET INDUSTRIELLE dont jouit votre Peuple souverain ! — Et vous croyez que cela peut durer ? Et vous croyez que vous retiendrez le char de la Révolution française dans le bourbier où vous voulez, ô aveugles ! qu'il demeure enfoncé ! Et cela quand le mot de LIBERTÉ est le premier des trois mots sacramentels écrits par la main du Peuple, sous le drapeau dont ce char est pavoisé... et que vous ne déchirerez pas...

» Et l'EGALITÉ ! Vous avez bien le

front, adorateurs de la vieille société, champions de la vieille Ecole économique, vous avez bien le front de soutenir que l'EGALITÉ aussi est réalisée d'ores et déjà par nos institutions sociales !

» N'est-ce pas au nom de la liberté et de l'égalité que vous défendez votre odieuse devise : *Laissez faire et laissez passer, c'est-à-dire laissez ruiner, laissez exploiter, laissez écraser les faibles par les forts?* N'est-ce pas au nom de l'ÉGALITÉ et de la liberté que vous soutenez votre concurrence anarchique, incessamment, implacablement dépréciatrice des salaires? EGALITÉ ! n'est-ce pas, entre ceux qui s'engagent sur le champ de bataille industriel et commercial, nantis de gros capitaux, possesseurs des machines et des instruments de travail, maîtres de toutes les positions stratégiques, armés jusqu'aux dents, ayant à leur service des bataillons de salariés; égalité entre

ceux-là et leurs concurrents nus, dé-
sarmés, affamés qui doivent subir la
loi du plus fort ou se faire écraser
comme le grain sous la meule? EGALITÉ
entre le fils du banquier vingt fois mil-
lionnaire et le fils du journalier qui
n'hérite pas même d'une hutte de terre
et d'une pioche, parce que son père n'a
pas laissé de quoi se faire enterrer.
Egalité, quand il est avéré que les enva-
hissements du Prolétariat et du
Paupérisme marchent de front avec
les accroissements de l'industria-
lisme et des richesses dues au travail
des pauvres et des prolétaires! EGA-
LITÉ, enfin, quand il est avéré que le
mouvement du régime industriel que
vous voulez conserver, dépouille de
plus en plus les classes inférieures et
dénuées, au profit d'une oligarchie su-
périeure et riche; que les capitaux en-
traînés sans contre-poids par la loi de
leur propre gravitation, et s'attirant par
voie de vitesse accélérée, en raison de

leur masse, la richesse se condense sans
cesse aux mains de grands capitalistes;
quand il est avéré, en un mot, que notre
organisme industriel est une colossale
machine qui fait des pauvres et des prolétaires en quantité d'autant plus grande
que son travail est plus fort et ses mou-
vements plus rapides!

» Ces résultats iniques, monstrueux,
homicides, d'un système inhumain,
païen, barbare, sont-ils réels, oui ou
non?

» Ces résultats affreux sont reconnus,
confessés, constatés par vous-mêmes,
par vos propres journaux, par ceux de
vos économistes qui répètent sur le ton
le plus aigre, pour se faire bien venir
de vous, les condamnations que vous
entonnez en chœur contre les doctrines
absurdes et violentes que vous et eux
vous avez toujours soin de prêter à tous
les socialistes, afin de vous donner,
tous tant que vous êtes calomniateurs
d'idées, le facile honneur du triomphe

sur des adversaires dont vous traves-
tissez indignement les vues et les principes.

» Et que direz-vous de la Fraternité
dans ce régime industriel et social qui
brise, égorge, écrase les faibles, et qui
arme les forts eux-mêmes les uns contre les autres, les renverse et les tue les
uns par les autres? qui hérisse de men-
diants les pavés de vos cités? qui ne se
soutient contre l'immoralité, le vice et
le crime qu'il engendre, qu'à grand ren-
fort de baïonnettes, de soldats, de sbires
de toutes les couleurs, d'un arsenal de
lois répressives et compressives de tous
les régimes, et d'un système perfec-
tionné de prisons, de juges, de gendarmes et de bourreaux; — car le gendarme
et le bourreau sont encore, sont toujours
les deux pivots de votre société fraternelle, de votre société chrétienne, de
votre société qui peut bien chasser ses
rois et se passer de princes, mais qui
n'a pas encore essayé, *et nous l'en dé-*

fions, de se passer de gendarmes et d'exécuteurs...

» FRATERNITÉ ! Ah ! chrétiens du siècle, je ne vous demanderai pas compte de la fraternité dans votre société, quand je peux vous écraser d'un mot que les païens eux-mêmes comprenaient, il y a deux mille ans, de ce simple mot : « Justice. »

» Eh bien ! je vous le dis en vérité, la Révolution qui a proclamé l'avénement de la LIBERTÉ, de l'EGALITÉ et de la FRATERNITÉ n'est pas accomplie.

» Elle n'a pas été accomplie par la conquête des droits politiques de la bourgeoisie.

» Elle n'a pas été accomplie par la conquête des droits politiques du peuple.

» Elle ne sera accomplie que par l'incarnation, dans les faits sociaux, de ces trois grands termes philosophiques et chrétiens :

LIBERTÉ, EGALITÉ, FRATERNITÉ.

» C'est-à-dire que la RÉVOLUTION SERA EN PERMANENCE jusqu'à l'entrée en voie d'organisation d'une société capable de substituer, de la base au sommet, de la commune à l'Etat, de l'Etat à la grande famille confédérée, l'*Association* au morcellement, l'accord à la lutte, la paix à la guerre, la liberté de tous à l'esclavage du grand nombre, la richesse générale enfin à tous les degrés de la misère, y compris la misère des égoïstes et même celle des bons riches. »

Si exagéré que soit ce tableau éloquent fait par Victor Considérant, des revendications du *Socialisme révolutionnaire*, il n'en est pas moins le thème quotidien des récriminations violentes des socialistes de nos jours qui, pas plus que ceux de 1848, ne veulent se payer de mots inscrits sur les murs et en contradiction fatale avec des faits dont toute l'habileté de nos hommes d'Etat dégénérés ne saurait détruire l'empire.

En face de cet appel à la *révolte sociale*, au bouleversement de tous les principes sociaux, on ne saurait nier le bien fondé de certaines récriminations, sans irriter davantage des souffrances qu'il vaut infiniment mieux se consacrer à guérir.

En fait, la société actuelle est acculée entre la Révolution en permanence et le retour aux solutions chrétiennes, acceptées dans les choses et non plus seulement dans les mots dont l'acception légitime est dénaturée jusqu'à l'impraticable et à l'absurde.

Le gouvernement, lui qui ne veut être ni socialiste ni chrétien, pourra bien maintenir, quelques jours, avec des soldats et des gendarmes, une paix négative dans laquelle le Travail et le Capital se regarderont en face, sans se heurter, sans se précipiter l'un sur l'autre. Mais cette paix stérile ne peut aboutir qu'à des malheurs, tout au plus à des *trêves* bientôt suivies de nouvelles *grèves*.

La désorganisation sociale, la sup -
pression de rapports réguliers et per-
manents entre le capital et le travail
doivent finir, à très-courte échéance, par
des violences, par des tentatives chimé-
riques, ou par la réorganisation chrétienne de notre société. Les sociétés
secrètes continueront à préparer la ruine
sociale, ou des associations, à ciel ouvert,
nous sauveront !

Cela doit être, que nous ayons la république ou la monarchie.

Le maintien seul de la république
n'est pas la solution de la question
sociale. C'est bien au contraire un exci-
tant qui rend cette solution plus urgente
et plus difficile, parce que la république
implique, dans la pensée des masses,
un *socialisme obligatoire,* un engage-
ment pour cette forme de gouvernement
de mettre terme à toute souffrance, à
toute douleur, et que la république, sans
le bien-être assuré, est pour elles une
déception ! *La république bourgeoise,*

continuation dans les hommes et dans les institutions de *la monarchie bour-geoise* qui fut si dédaigneusement balayée en 1848, cette république-là laissera toujours inassouvies les aspirations populaires à la république non-seulement *démocratique,* mais encore et surtout SOCIALE.

Au reste, que nous soyons à la veille de conflagrations violentes ou de discussions calmes et réglées, seconde éventualité que nous appelons de tout notre cœur, il faut que la coopération de tous se produise, afin que de la lutte ou du travail intellectuel sorte une opinion publique éclairée et non pas seulement entraînée par la fièvre des appétits et le courant des passions.

On ne le voit que trop, tous ceux qui veulent la RÉVOLUTION EN PERMANENCE, usent abondamment de la publicité. Il circule de toutes parts des feuilles révolutionnaires à divers degrés.

Or il est temps que cette cloche et ce

son ne soient pas uniques. Il faut, à tout prix, faire entendre aux masses d'autres voix que des voix révolutionnaires. Il faut que dans la discussion des procédés à suivre, pour soigner et guérir le mal social qui nous ronge, les remèdes admis par nous, proposés par nous, soient connus, autrement que dénaturés par les polémiques trop souvent déloyales d'adversaires animés de l'esprit de haine, trompés, si l'on veut, par leur ignorance ou leurs préjugés.

Tous les catholiques sont-ils bien convaincus de la nécessité de notre intervention large, complète, dans les luttes de la presse, surtout de notre intervention dans le public qui n'est pas seulement le groupe restreint des amis, des coreligionnaires, dans ce grand public enfin qui est *tout le monde*? Le Seigneur a voulu que son Evangile fût prêché A TOUTE CRÉATURE.

Eh bien ! nos missionnaires vont prêcher l'Evangile aux extrémités de la terre, et les vraies notions de la doctrine catholique, de son application aux besoins de notre société, au soutien moral et matériel de ces frères que nous coudoyons chaque jour, dans le monde, ces notions sont lettre morte pour eux. Lorsque l'on parvient à se faire entendre par quelques-uns, ils sont tout surpris comme des yeux qui s'ouvrent à une lumière inattendue; *c'est une révélation!*

Que nos doctrines et la puissance encore trop cachée de nos œuvres parviennent donc une bonne fois à toutes les extrémités sociales!

Que les travailleurs surtout apprennent que si toutes leurs souffrances ne sont pas réparables, ils ont cependant à attendre de grandes améliorations et de douces consolations de l'intervention du catholicisme auprès d'eux, du catholicisme qui, à la différence des sectaires, agit toujours plus qu'il ne promet, en faveur du peuple.

Depuis un certain nombre d'années, justement frappés des douleurs des masses populaires, ardemment désireux de les secourir, les catholiques se réunissent entre eux; ils étudient, ils recherchent les améliorations possibles, avec la volonté de mener de front les perfectionnements moraux et la protection matérielle des travailleurs.

Mais ce mouvement qui a cependant, empressons-nous de le dire, produit des fruits sur certains points, dans quelques heureuses applications, ce travail généreux n'est pas apprécié par les masses, parce qu'il n'est pas connu d'elles, qu'il est même le plus souvent l'objet d'odieuses calomnies !

Ajouterons-nous que bien des catholiques même, moins édifiés que les chrétiens hommes d'étude, sur la fécondité sociale de nos doctrines, s'imaginent que la religion ne peut rien, qu'elle est sans aucune influence sur le sort matériel des peuples !

Il faut mettre à combattre cette double ignorance, celle de nos frères égarés, celle de nos propres amis, tous les moyens que nos adversaires emploient pour la propagation de leurs maximes perverses, et ils en ont d'immenses et de souverainement actifs : *fas est et ab hoste doceri !*

C'est pour arriver à ce résultat qu'a été écrit le rapport présenté au nom de la commission de la presse présidée par M. de Beaucour, le vaillant directeur de la *Société de Bibliographie catholique*, à l'assemblée des catholiques du 13 juin et discuté par elle.

RAPPORT

PRÉSENTÉ

A L'ASSEMBLEE GÉNÉRALE DES CATHOLIQUES

Tenue à Paris le 13 juin 1878

SOUS LA PRÉSIDENCE

De **M. CHESNELONG**, sénateur,

Par M. F. Delbreil.

MESSIEURS,

Les questions de presse sont depuis longtemps à l'ordre du jour de nos congrès.

On a discuté beaucoup; on a pris beaucoup de résolutions.

2

Où en est-on?

Je me hâte de dire que sur deux points importants, il s'est réalisé de très-sérieux progrès.

Conformément aux vœux émis dans de précédentes sessions, il s'est fondé des imprimeries catholiques.

A Paris seulement il existe maintenant trois imprimeries dues à l'intelligence, au zèle et aux sacrifices des catholiques :

L'imprimerie de l'œuvre de St-Paul, dont je suis très-heureux de constater la fondation définitive et les développements croissants, au moment même où son zélé et infatigable fondateur entre dans cette salle.

L'imprimerie des apprentis orphelins de M. l'abbé Roussel, devenue assez importante pour figurer dans la galerie de l'*Exposition universelle;*

L'imprimerie St-Générosus, placée à l'ombre protectrice du Cercle d'ouvriers catholiques du Montparnasse.

Le second point sur lequel il est juste de mentionner des progrès non moins utiles, c'est la propagande des livres, des brochures et des tracts. Ces progrès sont dus à la direction intelligente et dévouée de la *Société de Bibliographie catholique.*

Mais un autre grand problème attend une solution appelée par des vœux successifs, dont la dernière formule a été émise en ces termes, dans la session de 1877 :

« L'Assemblée des catholiques, de plus en plus pénétrée de la nécessité de répandre dans les masses une presse morale à bon marché, émet de nouveau le vœu que les moyens de créer un journal populaire à cinq centimes, soient étudiés, et que les catholiques les plus éminents veuillent bien donner à cette entreprise leur concours actif et leur haut patronage. » (*Assemblée générale des catholiques de 1877,* p. 256.)

C'est sur ce point capital que, dans la dernière réunion de la Commission de la presse, j'ai été appelé à fournir quelques renseignements.

Je vous demande la permission de résumer en quelques pages le résultat de mes souvenirs et de mes observations plus récentes.

Mais auparavant laissez-moi rappeler quelques chiffres signalés, l'année dernières, aux catholiques, par un de nos membres les plus vénérés, par sa haute intelligence et son dévouement à toute épreuve, M. Baudon.

Dans une note intitulée : *La Presse catholique quotidienne*, vous avez lu ce relevé sinistre :

« Un tableau des journaux qui s'impriment à Paris.... établit qu'il s'y tire environ 1,400,000 journaux chaque jour, qui se distribuent à Paris et dans la province.

» Sur ce chiffre effrayant quelle est la part des bons journaux ? — 56,000 !

» Les autres journaux se décompo-
sent en un million de journaux détesta-
bles et 344,000 environ de journaux
médiocres et qui tombent souvent dans
de grossières erreurs, plus ou moins
volontaires, sur des points de doctrine
importants, ou favorisent la diffusion
des histoires scandaleuses ou légères.

» Le bien a donc une proportion de
2 1/2 p. 0/0 dans cet immense mouvement de la presse. »

Cet état déplorable s'est très-certainement aggravé dans l'année qui a
suivi la rédaction de cette note.

C'est à se demander comment un
peuple sur la tête duquel on secoue chaque jour un tel faisceau de torches in-
cendiaires, ne constitue pas déjà une
immense *Commune* ?

Que fait-on pour éteindre cet affreux
incendie des âmes?

On l'arrose avec un filet d'eau..... de
deux et demi pour cent des matières in-
flammables.

2.

Y a-t-il urgence, je vous le demande, pour les intérêts moraux et même pour la sécurité des personnes otages désignés de la future *Commune*, de mettre fin à un si grave péril?

Que chacun de vous réfléchisse une heure devant une telle menace sociale, et il ne prendra certainement aucun repos qu'il n'ait trouvé le moyen de conjurer cette calamité dirigée en même temps contre les autels de notre foi et contre les foyers de nos familles.

La Révolution vomit aussi des flots de blasphèmes sur d'autres peuples que la France; mais ailleurs la défense religieuse et sociale est organisée et résiste mieux que chez nous.

Le 1er janvier 1878, il paraissait à Wurzbourg, sous le titre de *Revue de la presse catholique*, une brochure constatant combien la presse catholique française est au-dessous, pour sa propagation, de la presse des autres contrées de l'Europe.

Nous empruntons au *Journal des Débats* du 20 mai, l'analyse de cette brochure :

Il a paru dernièrement à Wurzbourg, sous le titre de *Revue de la Presse catholique au 1er janvier* 1878, une brochure qui contient une statistique très-intéressante de tous les journaux ultramontains publiés actuellement en Europe, en Asie et en Amérique. Nous ne pouvons donner ici qu'un résumé de cette longue nomenclature, résumé, du reste, complet, mais dont nous élaguons tous les détails compris dans la brochure. Commençons par l'Allemagne, comme a fait l'auteur, M. Léo Wœrl. Le principal organe du catholicisme dans ce pays, la *Germania*, compte environ 7,000 abonnés; la *Kœlnische Volkszeitung* en compte 8,600, et la *Schlesische Volkszeitnng* en a 5,000. Au nombre des journaux ultramontains se placent le *Mainzer-Journal,* 3,000 abonnés; le *Badische Beobachter* et le *Constanzer Tagblatt :* 3,100 à eux deux; le *Deutsche Volksblatt* de Wurtemberg, 2,000.

Deux autres feuilles paraissant dans le Hanovre en ont ensemble 3,680. La province du Rhin possède 11 journaux de cette opinion, entre lesquels se répartissent 52,000 abonnés; celle de Westphalie en a 7 avec 32,000 abonnés. En Bavière, il y a 3 journaux quotidiens réunissant 5,500 abonnés, et 18 autres moins considérables qui n'en comptent pas ensemble moins de 65,000. En outre, il circule dans ce royaume plusieurs feuilles hebdomadaires, telles que le *Message de saint Joseph, l'Ange gardien,* etc., répandues à un nombre considérable d'exemplaires, principalement parmi les classes inférieures. A Fribourg, dans le grand-duché de Bade, les jésuites ont deux organes spéciaux, l'un ayant pour titre *les Voix de Marie Laach,* qui paraît tous les mois et qui compte 5,000 abonnés : il s'adresse surtout aux classes riches; l'autre, également mensuel, intitulé *les Missions catholiques,* est d'un prix beaucoup moins élevé, et ses abonnés sont au nombre de 2,000.

L'Autriche ne compte réellement qu'un grand et sérieux organe du catholicisme : le *Vaterland,* 4,000 abonnés. Mais il y circule un grand nombre de petites feuilles, cinq fois moins cependant que dans l'empire d'Allemagne. Pour toute la monarchie austro-hongroise, qui n'a pas moins de 22 millions de sujets catholiques, on ne trouve que 9 journaux quotidiens, 18 hebdomadaires et 58 mensuels ou bimensuels : ils s'adressent presque exclusivement au clergé, à la noblesse de province, aux artisans et aux paysans; les classes moyennes ne paraissent y prendre aucun intérêt. Toutefois, les associations fondées par la presse ultramontaine déploient une grande activité. La Société de l'*Hermagoras* distribue annuellement parmi les Slovènes 33,000 exemplaires de divers pamphlets, et la Société de la Presse catholique de Seckau en Styrie (évêché dont le titulaire réside à Gratz) a mis en circulation, pendant ces cinq dernières années, 200,000 exemplaires représentant 55 ouvrages différents. La Suisse n'a guère que 40 organes de l'ultramontanisme, deux desquels sont publiés en allemand, avec 6,000 abonnés, et un autre en français, avec 1,500.

En France, et d'après l'auteur de la statistique que nous résumons, les journaux catholiques ont à peu près exclusivement pour lecteurs le clergé, la noblesse et les dévotes. Il calcule que sur 1,400,000 numéros de journaux publiés chaque jour à Paris, il n'y en a que 56,300 appartenant à l'opinion catholique, sur lesquels 49,400 sont expédiés en province. La presse ultramontaine de province ne

compte, à son avis, qu'une centaine d'organes
environ; mais la circulation en est fort res-
treinte : la plupart d'entre eux n'atteignent
pas le chiffre de 1,000 abonnés; quelques-uns
en ont au plus 2,500; un très-petit nombre
en comptent de 4 à 5,000. Notre auteur pré-
tend encore — et nous lui laissons la responsabilité de cette assertion — que la circulation
des journaux ou écrits catholiques diminue
en France, d'année en année, tandis qu'elle
augmente en Belgique et en Hollande. Ainsi,
à Steyl, à quelques pas de la frontière prus-
sienne, les jésuites ont établi une presse qui
lance en Allemagne une quantité innombrable
de pamphlets. L'auteur fait la même remar-
que au sujet de l'Angleterre : il y constate le
progrès incessant de la presse catholique,
et, catholique lui-même, il s'appuie sur ce
fait pour exprimer l'espérance que « cette no-
ble nation rentrera bientôt dans le sein de
l'Eglise romaine. »

En Irlande et en Espagne, tous les journaux sont essentiellement catholiques. Ceux
qui représenteraient une autre opinion n'y
auraient aucune chance de succès. Nous
croyons qu'au moins pour l'Irlande cette affir-
mation est contestable. M. Léo Wœrl n'a
voulu sans doute parler que de la presse qui

s'adresse aux Irlandais d'origine. En Portugal et en Italie, la presse ultramontaine est, dit-il, grandement mise en péril par l'invasion croissante de la franc-maçonnerie et du libéralisme. D'autre part, il signale à Copenhague un journal rédigé en danois et en suédois, et il en tire un heureux augure pour l'avenir de la religion catholique dans les pays scandinaves. C'est encore là très-vraisemblablement une illusion.

La Turquie n'est pas elle-même dépourvue de tout organe ultramontain. Le principal, qui paraît à Constantinople, est *la Lumière*, imprimé en français et en allemand ; les autres, moins importants, s'adressent aux catholiques, arméniens ou bulgares. M. Léo Wœrl n'indique pour l'Asie qu'un seul journal catholique, l'*India portugeza*, publié, comme son nom l'indique, en langue portugaise, et qui paraît une fois la semaine à Bombay.

Dans les Etats-Unis, le catholicisme fait de grands progrès et compte beaucoup de journaux ; mais, à l'exception de la *Volkszeitung*, qui paraît à Baltimore, ils ont en général peu d'abonnés, sans doute parce que la propagande s'y fait plutôt par la parole que par la presse, et qu'il se trouve parmi les Irlandais, qui devraient former la principale clientèle des journaux ultramontains, un très-grand nombre d'illettrés. Aux Antilles se publie *l'Echo de Trinidad*. Le Brésil ne compte qu'un petit nombre de journaux catholiques; les jésuites y ont pour organe le *Deutsche Volksblatt*. Enfin, on trouve dans les petites républiques de l'Amérique centrale trois feuilles hebdomadaires.

Nous croyons qu'il ne sera pas sans intérêt de rapprocher de cette statistique le compte rendu qui a été présenté à la Société biblique d'Angleterre dans sa réunion annuelle tenue le 1er mai à Exeter Hall sous la présidence de lord Shaftesbury, qui, ainsi que nos lecteurs ont pu le voir par l'article tout récent d'un de nos collaborateurs, inaugurait à Paris le mercredi 8 mai, la salle évangélique du Trocadéro. Il résulte de ce compte-rendu que le revenu de la Société pour l'année finissant le 30 mars 1878 s'est élevé à 212,303 liv. st. 15 sh. 7 d. (5,307,584 fr. 25 c.). Dans cette somme, la vente des bibles, tant à l'intérieur qu'à l'étranger, figure pour 104,141 liv. st. 16 sh. 7 d. (2,603,345 fr. 70 c.). Dans le cours de la même année, il est sorti du dépôt de la Société en Angleterre 1,452,609 exemplaires de bibles, Testaments ou diverses parties des Saintes Ecritures. Les dépôts à l'étranger en ont fourni 1,490,988, ce qui fait un total de 2,943,597 exemplaires. Depuis la fondation de la Société, le chiffre de ces sortes d'ouvrages émis par elle s'est élevé à 82,047,062 Ajoutons les détails suivants, qui ne sont pas moins curieux : la Société a répandu en Orient, sur le théâtre de la guerre qui vient de finir, 160,012 exemplaires de la Bible. Elle se propose d'en faire autant pour l'Exposition de Paris, en vue de laquelle elle a dépensé 640 liv. st. 7 sh. 6 d. (16,008 fr. 35 c.).

Une autre Société protestante, celle de la Propagation de l'Evangile (*Society for the propagation of the Gospel*) vient aussi de publier son compte rendu annuel. On y voit qu'elle a employé l'année dernière 547 missionnaires, dont 1 en Europe, 64 en Australie et dans les îles de l'océan Pacifique, 120 en Afrique, 135 en Asie, 227 en Amérique et aux Indes-Occidentales. Elle compte en outre 1,000 catéchistes et maîtres laïques; ses écoles à l'étranger renferment 250 élèves. Durant l'année qui fait l'objet de ce rapport, les élèves indous du collège épiscopal de Calcutta *(Bishop's college)* ont pour la première fois passé l'examen préparatoire de théologie tel qu'il se fait à l'Université de Cambridge. Dans le diocèse de Kaffraria, ou de Kafrerie, un indigène nommé Peter Mosiza, après un assez long exercice du diaconat, a été ordonné prêtre. C'est le premier cafre qui ait été élevé à ce degré du sacerdoce.

Le revenu de la Société a monté, en 1877, à 143,438 liv. st. 8 sh. 11 d. (3,710,961 fr. 10 c.).

On voit par ce qui précède que si l'Œuvre catholique de la Propagation de la Foi et celle des Missions étrangères font une active propagande en faveur de l'Eglise romaine, le protestantisme ne déploie pas moins de zèle et d'ardeur. Encore n'avons-nous parlé que d'une des Eglises protestantes. Aussi n'est-il pas téméraire d'affirmer que l'espérance de M. Wœrl dans le triomphe universel du catholicisme pourrait bien être indéfiniment ajournée. L'hérésie et, pour parler comme lui, « la franc-maçonnerie et le libéralisme » ne sont pas encore près de rendre les armes.

E. D.

Nous laissons son langage à un écrivain qui ne pense pas comme nous, et nous cherchons seulement une leçon dans les chiffres relevés par lui.

Il n'y a pas à récriminer, à se frapper

la poitrine de douleur et de honte; il n'y a pas surtout à perdre le temps en délibérations indéfinies; il faut agir ou se courber sous les plus redoutables responsabilités.

Tout catholique qui aurait ses affaires privées dans l'état piteux où se trouvent nos affaires publiques, n'hésiterait pas une minute. Il consulterait sur-le-champ les hommes compétents dans la connaissance du danger encouru, et les chargerait d'agir à tout prix et au plus vite.

En face de cette plaie de la corruption croissante des âmes, on se contente trop, depuis huit ans, de deux choses : d'appels réitérés au gouvernement et de délibérations qui se prolongent d'autant plus qu'on y appelle moins d'hommes compétents.

Je suppose qu'on ne compte plus s'en remettre à l'action gouvernementale, pour la direction religieuse de l'opinion.

Il ne reste donc plus qu'à faire appel aux hommes de presse de bonne volonté et à leur fournir les moyens d'améliorer la situation de la presse populaire honnête pour l'opposer au torrent de la presse révolutionnaire et impie.

J'entre dans l'examen des moyens d'action.

Il n'y a pas à innover.

Il faut se souvenir et regarder autour de nous et au-delà de nos frontières.

Dans un rapport fait par M. de Biencourt en 1876 (v. *Assemblée générale des comités catholiques de 1876,* p. 100), je vois reparaître le vœu de recourir à une organisation centrale de presse destinée à alimenter la presse catholique. En 1876, comme les années précédentes, on a proposé quelques moyens défectueux, dont quelques-uns ont été essayés sans résultat satisfaisant.

Le rapport de M. de Biencourt renouvelle la plainte si souvent formulée devant vous, de la servitude qui opprime la presse religieuse de Paris et de la province. Je lis : « La presse religieuse à Paris et dans nos départements est tributaire d'*agences télégraphiques* dont le monopole et l'esprit est surtout antireligieux. Et cependant nos journaux ne peuvent pas se passer de ces agences ! Les catholiques ont encore laissé cette arme entre les mains de leurs adversaires. Ces agences sont une puissance, et cette puissance dénature et altère la vérité.

» Si les catholiques voulaient sortir de leur torpeur, en ce qui concerne la presse, ils devraient se faire les premiers agents des informations nécessaires à la presse. Il y aurait là à détruire, plus facilement peut-être qu'on ne le pense, un monopole antireligieux et financier ; car les annonces qui sont une des ressources matérielles de la presse, appartiennent jusqu'à présent aux agences télégraphiques déjà existantes. Mais pour en arriver à ce grand résultat, il faut que les catholiques, sortant enfin de leur rôle passif, se mettent tardivement à l'œuvre, et qu'ils comprennent que là est un de leurs devoirs. »

Dans ces observations de M. de Biencourt se trouve la clé de toutes les réformes à opérer et le principe de la résurrection de la presse religieuse et moralisatrice.

A part quelques exceptions qu'il serait impardonnable de méconnaître, notre presse languit et est, comme confection, inférieure au journalisme qui nous attaque.

Nos adversaires ne bénéficient pas seulement de l'entraînement qui porte les esprits vers les feuilles flattant les mauvaises passions. Il s'est rencontré parmi eux des hommes habiles qui exploitent la publicité, dans des conditions qui les ont rapidement menés à la fortune. Ils ont fait leurs affaires et fait encore plus brillantes les affaires de leur parti. Il y a quelques mois, le *Petit Lyonnais* se vendait *quinze cent mille francs !* La *République française* du 22 mai annonçait que le *Petit Marseillais* venait d'être acheté au prix de *onze cent mille francs !* — Je ne parle pas du grand succès des feuilles irréligieuses de Paris.

Pourquoi ces fortunes rapides ?

Au point de vue de l'art, ces journaux sont bien faits ; ils sont intéressants ; ils sont rapidement informés ! Ils usent, avec entrain et sans rien négliger, de tous les progrès matériels de l'époque. Ils n'épargnent rien, et ils en sont bien vite récompensés ! Ce ne sont pas seulement leurs amis qui les lisent ; ce sont les nôtres ; c'est nous-mêmes, par la raison qu'on ne trouve pas dans les journaux bien pensants les informations et les articles qui piquent la curiosité ou

touchent assez habilement aux intérêts
matériels, si intimement liés à la publicité de chaque jour.

Ce contraste dénoncé publiquement
ne devrait-il pas stimuler notre zèle?

Pour lutter avec la part d'égalité qui
dépend de nous, comment s'y prendre?

Faire ce que font les autres ; marcher
avec les progrès que la Providence a
permis, les mettant à la disposition des
honnêtes gens, aussi bien que des ennemis de la vérité.

Véritablement, en ce qui touche la
presse, les catholiques ne sauraient se
défendre, en France du moins, d'être
arriérés et rétrogrades. Et puis ils viennent se lamenter et gémir d'un état de
choses qui est leur fait, leur faute, il
faudrait dire leur crime. La charité
sociale, cette mâle vertu consistant à
défendre l'âme du prochain comme l'on
doit protéger son corps, cette vertu
fraternelle n'est pas un devoir qu'on

omet sans se rendre gravement coupable : *mandavit cuique de proximo suo* !

La foi est attaquée; on doit la mettre à l'abri des coups d'ennemis devenus implacables et infatigables. Au premier rang des devoirs de la charité de nos jours, se trouve incontestablement le soutien de la bonne presse. Et au lieu d'aider les bons journaux, on porte aux mauvais des ressources qui les enrichissent, en perdant le pays, en éteignant la foi dans les âmes!

Mais il n'y a pas tant à se plaindre du défaut de sacrifices, que de l'emploi défectueux des ressources réalisées.

Nous sommes travaillés par un vice fatal que je qualifierai volontiers d'un nom venu d'outre-Rhin, de *particularisme*.

La décentralisation est un principe de salut que je me garderai d'attaquer. Provincial par nature et par origine, je l'ai toujours défendue. Mais il faut faire de la décentralisation avec intelligence.

C'est même au nom de la décentralisation bien comprise que je viens recommander certains procédés d'ailleurs mis en usage par nos concurrents.

Pour attirer à nous des lecteurs, que faut-il leur offrir ?

Entrant dans cette idée si excellente de la décentralisation, occupons-nous surtout de la province, car, après tout, la France ce n'est pas Paris !

Paris est toutefois une ville dont il est impossible de se passer, surtout sur le terrain de la presse et du journalisme.

Servons-nous de Paris, au lieu de nous laisser asservir par lui.

Ce serait un grand effort d'affranchissement pour la province, que de rendre ses journaux plus intéressants que ceux de Paris.

Ce qui fait l'intérêt d'un journal, pour

le lecteur de province, se réduit à trois points :

1° Avoir des articles bien rédigés sur les questions générales;

2° Avoir des nouvelles aussi complètes et surtout aussi rapides que possible ;

3° Avoir enfin les questions locales et les nouvelles locales traitées au point de vue des vrais intérêts locaux.

Comme le disait l'année dernière M. de Biencourt, nos journaux sont aujourd'hui tributaires d'*agences* de Paris animées d'un esprit opposé au nôtre. Comment ces agences pourraient-elles alimenter nos journaux de province d'articles et d'informations en harmonie avec nos principes et nos intérêts?

Le point de départ des améliorations est donc de créer un centre de rédaction et d'informations qui transmette à la province tout ce qui forcément ne peut émaner que de Paris.

La transmission peut se faire par deux moyens : des clichés et des télégrammes.

Le procédé des clichés expédiés de Paris en province date de la fin de la république de 1848. Une vingtaine de journaux de département avaient traité, pour les recevoir, avec le propriétaire de la *Patrie*.

En Allemagne, il est devenu un des moyens les plus puissants employés à la transformation de l'esprit public, au-delà du Rhin. Avec son aide, M. de Bismarck a prussifié le Hanovre, la Bavière, le Wurtemberg, les provinces rhénanes, dont les journaux recevaient des clichés des officines de Berlin.

C'est avec des clichés que les organes de l'esprit révolutionnaire de Paris exercent sur la presse de province un empire qui grandit chaque jour à notre détriment.

Qui nous empêche de mettre au service de notre cause un procédé qui, en

outre de ses autres avantages, pré-
sente celui d'une grande économie pour
les journaux qui l'adoptent?

Enfin c'est par l'usage sur une large
échelle des télégrammes, que le journal
de province, surtout à des distances
importantes de Paris, peut acquérir un
degré d'intérêt supérieur à celui des
feuilles parisiennes, dont les nouvelles
vieillissent d'autant plus qu'elles ont
plus de chemin à parcourir pour arriver
au lecteur.

Ce moyen a fait la fortune des feuilles
de Lyon, de Marseille, de Toulouse, de
Bordeaux, qui se sont donné cette spé-
cialité !

Le télégraphe est aujourd'hui le ré-
dacteur principal de tout journal qui
cherche le succès.

Tout a été dit sur la perfidie de ce
moyen de diriger l'opinion publique.

Malheureusement, depuis de longues
années, nous avons la coupable insouciance de laisser ainsi égarer les esprits

qu'on saisit par une première et subtile impression, et qui ne reviennent presque jamais ensuite à la vérité. Car à quoi servent des démentis tardifs qui ne sont pas lus, surtout lorsqu'ils sont contenus dans de longues rectifications ?

Que de gens, en province, ne lisent dans les journaux que les télégrammes? Et c'est de cette partie capitale de la rédaction des journaux que nos adversaires ont le monopole ! Nous ne les laissons pas seulement maîtres de leurs journaux ; ils le sont des nôtres. C'est eux qui font nos principaux articles.

Les rois de l'opinion, aujourd'hui, ce sont les chefs de quelques usines télégraphiques.

Serait-il donc si difficile d'établir une mutualité de correspondances télégraphiques entre les journaux catholiques de la France et même de l'Europe ?

Le congrès ayant appelé à Paris des hommes dévoués de toutes les régions, ne serait-il pas possible de poser les bases de cette mutualité?

Aucune œuvre ne serait, bien assurément, plus opportune que celle-là!

Cette organisation des clichés et des dépêches télégraphiques, complétée par un service d'annonces, serait l'affranchissement de notre presse catholique.

La grave question de la presse populaire à bon marché serait tranchée du même coup.

Chaque grand journal de province peut en effet très-facilement publier, avec économie et profit, une petite édition populaire. Cela se fait dans beaucoup de villes. Je l'ai fait à Toulouse et à Lyon. On le voit surtout en Belgique, la terre classique des journaux à bon marché. On y vend des journaux à *deux centimes* le numéro!

Attendrons-nous, pour mettre la main à l'œuvre, dans les réformes si faciles pour lesquelles nous n'avons qu'à imiter ce qui a été fait ou se fait sous nos yeux, attendrons-nous que la révolution, souveraine dans les idées, devienne de plus en plus maîtresse des faits ?

Si la liberté a des dangers pour les peuples, elle crée aux honnêtes gens des devoirs qu'ils n'apprécient bien que lorsqu'ils ont perdu le moyen de les remplir. Cette heure funeste est peut-être proche ! Que de batailles n'avons-nous pas déjà perdues, uniquement par nos lenteurs et notre incurie ? L'homme s'agite et Dieu le mène ! Mais Dieu mène les hommes par les mains d'autres hommes. Puisque le génie du mal a tant et de si actifs instruments à sa disposition, servons humblement de bras à la Providence. Le Christ aime les Francs, mais les Francs alertes et dévoués. Les serviteurs fainéants sont bien maltraités, vous le savez, dans l'Evangile.

En 1875, le Congrès nomma une commission de sept membres chargée de suivre une organisation analogue à celle que je propose.

Cette commission s'est réunie plusieurs fois; mais elle n'a laissé qu'un projet de circulaire, dont je suis peut-être le seul à posséder un exemplaire, en simple épreuve.

La question des imprimeries catholiques, soumise aussi aux délibérations de cette commission, et traitée même à cette époque avec quelque dédain, a heureusement triomphé de mille obstacles, grâce au secours de Dieu, sans doute, mais aussi grâce à la ténacité et à la persévérance des hommes dont Dieu a bien voulu faire les instruments de sa volonté.

L'œuvre de l'*Agence* et du journal populaire a été primée par celle de l'imprimerie; son tour est venu! Et sans l'intervention de l'Agence, l'œuvre du journal populaire à bon marché reste tellement difficile qu'elle est presque impossible.

Avec les clichés et les télégrammes

de l'agence, vous pouvez obtenir dans les provinces, à chaque point important, un journal populaire qui deviendra d'autant moins cher qu'il profitera de la réduction de frais de transport d'un côté et que de l'autre il pourra donner des nouvelles aux lecteurs de département bien plus rapidement qu'ils ne les reçoivent par les journaux arrivant tout imprimés de Paris.

Par ce moyen, chaque région peut, d'ailleurs, avoir ainsi un journal fait à son tempérament local, chose qui est bien à regarder pour le succès et pour l'influence à exercer sur l'opinion. Voilà un excellent moyen de décentralisation. La triste influence de la mauvaise presse de Paris en sera très-certainement atteinte. En une seule feuille, vous réunirez ainsi les avantages du journal de Paris et du journal local.

Un journal populaire central unique ne saurait se plier aux exigences de l'esprit local, qui ont bien leur côté légi-

.L'unité est une bonne chose; mais unité combinée avec la variété est l'idéal à rechercher.

Cette organisation de la presse catholique est d'autant plus urgente que les services que rendaient les *Semaines religieuses* sont actuellement menacés. Le terrain libre des discussions et des nouvelles religieuses se confond si facilement avec le terrain politique et économique défendu aux publications sans cautionnement, qu'on commence à exercer des poursuites à l'occasion de prétendues incursions qu'on reproche à des organes catholiques jusqu'ici respectés par l'administration.

D'un instant à l'autre, il peut ne plus demeurer à la disposition des catholiques pour leur défense, que leurs journaux politiques. Hâtons-nous de les rendre forts, et pour cela relions-les entre eux par une fédération formant en France et en Europe un vaste et puissant réseau d'influences.

Un ecclésiastique d'Alsace expliquait récemment à la Commission de la presse les bienfaits qu'on retirait en Allemagne d'une semblable fédération. Ils sont attestés, d'ailleurs, par le nombre et la prospérité des journaux de ce pays.

Une agence à Paris, des journaux correspondant continuellement et par télégraphe entre eux et avec le centre parisien, établissant un va-et-vient constant d'informations et d'annonces, voilà une entreprise commerciale plus facile aux catholiques qu'à personne, puisque nous sommes une armée universelle et une armée héroïque, lorsqu'elle s'est bien rendue compte de la nécessité de l'héroïsme. Sur les questions de presse les catholiques ne comprennent pas leurs devoirs, ni leurs intérêts.

Les lois sur les associations, sur les réunions ne peuvent atteindre une organisation pareille et dont nos adversaires nous ont, du reste, donné les premiers l'exemple, ce qui est leur plus grande force.

J'aborde une objection qui entrave tous les efforts depuis plusieurs années. Elle se produit surtout dans la bouche de ces hommes incompétents qui ne savent pas faire et qui dressent devant les autres la barrière de leurs préjugés

On nous dit : Il faut des sommes énormes pour entreprendre une affaire aussi colossale, et la peur d'un échec fait qu'on reste dans l'inaction.

L'expérience répond à ce raisonnement, excuse de l'insouciance ou de l'incurie.

Les entreprises les plus prospères vis-à-vis desquelles il faut avoir le courage de se placer, ne se sont pas fondées en ayant dans leurs caisses les millions qu'elles y possèdent aujourd'hui. Ceux qui sont au courant de l'histoire de la presse savent que bien des tâtonnements et même des échecs ont précédé le succès et la prospérité. Mais on travaillait, on ne se décourageait pas. On mettait à profit les circonstances, on utilisait les relations. On a su se maintenir au niveau de toutes les améliorations, de tous les progrès. Et ce sont ces dispositions courageuses, hardies, persévérantes, qui nous font défaut encore plus que l'argent.

Au lieu de traiter ces questions comme une affaire, on leur applique exclusivement le caractère d'une œuvre, d'une œuvre qui n'a que sa petite part de préoccupations et de sacrifices à côté d'une foule d'autres et qui, par conséquent, se trouve souvent et forcément négligée.

Les adversaires savent très-bien, d'ailleurs, jusqu'où est poussée cette impuissance chronique. Ils ne craignent nullement de voir surgir des concurrences de notre côté !

Le moment est venu, non pas de faire des plans et de prendré des résolutions pour l'avenir. Se mettre à l'œuvre avec quelques ressources indispensables est le moyen le plus efficace d'appeler d'autres concours. Cela s'est passé ainsi pour la fondation des imprimeries, et l'on voit aujourd'hui qu'on a bien fait de se lancer sans attendre cette accumulation de capitaux qu'on disait aussi, pour cet objet, être exigés par la prudence.

Le premier capital de la fondation à réaliser, c'est l'adhésion personnelle à la fédération des journaux catholiques de province autour du centre de Paris. Là est notre force !

Cette fédération est désirée et préparée de longue main. Pour mon compte, j'ai visité un très-grand nombre de confrères prêts à s'associer à ce mouvement, dont ils comprennent tous l'importance.

Dans la Commission de sept membres formée en 1875 et qui nous a laissé le projet de circulaire, on avait calculé qu'avec 60,000 francs on pouvait vivre pendant un an, même sans faire des recettes.

Si l'hésitation des membres de la Commission ou plutôt leur dispersion n'avait pas arrêté le premier élan, on aurait marché avec une somme pareille. Qui sait si l'emploi de cette machine de guerre, de cet instrument de défense sociale, n'aurait pas exercé sur nos destinées une action protectrice ?

Les catholiques possèdent de grands éléments de succès. Mais deux qualités, mères de tous les succès, leur manquent trop souvent : la hardiesse et la confiance.

Souvenez-vous, Messieurs, des émouvantes paroles que vous adressait, l'année dernière, un prélat vénéré et dont la sainte audace tient en arrêt toutes les forces de l'hérésie et de l'incrédulité coalisées dans la Rome protestante. Il vous disait, avec cet accent persuasif et inimitable de l'apôtre qu'aucune persécution ne déconcerte : « Je vous ai dit d'être des hommes de doctrine et des hommes de dévouement ; j'ajoute : et des hommes *de confiance !* »

Lorsqu'on a la vérité, la justice pour soi, comment n'aurait-on pas confiance ?

Le défaut de confiance, le découragement ont gagné jusqu'aux soldats de la presse catholique. Cette troupe délaissée souffre et se disperse. Quelques écrivains qui auraient vaillamment et brillamment combattu parmi nous sont même allés grossir les rangs de la presse hostile ou indifférente, qui jette l'or à profusion !

Parmi nous, les œuvres de la presse sont souvent livrées à des hommes pleins de zèle et de dévouement sans doute, mais sans expérience pratique du journalisme devenu industrie.

A d'autres époques, où la presse était seulement une institution de combat intellectuel, il pouvait suffire de savoir écrire, pour exercer une action sur l'opinion. Aujourd'hui le journalisme est devenu une profession compliquée dans laquelle on ne peut espérer de vaincre les difficultés qu'avec la con -

naissance détaillée de toutes les questions pratiques qui s'y rattachent. Le journalisme touche à tout !!!

L'anarchie règne parmi nous; chaque catholique a la prétention d'imposer sa direction, et les contradictions qui en résultent nous réduisent à l'impuissance.

Une direction intelligente doit comprendre surtout qu'il faut, dans cette grande lutte, varier le genre et le ton des publications pour les mettre à portée de tous les besoins, je dirais presque de tous les caprices de populations que nous ne ramènerons à nous qu'en allant à elles, avec prudence, ménagement, habileté.

Les exemples de cette tactique indispensable ne manquent certes pas !... Mais il faut finir !

Le congrès s'ouvre dans les fêtes de la Pentecôte, et au cours du mois consacré au Sacré-Cœur de Celui qui a aimé le peuple sans mesure ! Jamais heure ne fut plus propice pour inaugurer une vigoureuse croisade destinée à délivrer le peuple des préjugés, des erreurs répandues dans son sein par tous les émissaires de l'esprit mauvais !

Après la discussion des renseignements que j'ai l'honneur de vous présenter, nous arrêterons avec plus de connaissance de cause les résolutions à prendre. Un bon nombre de mes confrères sont en mesure de fournir aussi de précieux éléments à cet important débat.

Après la lecture de ce rapport et la discussion qui l'a suivie, l'assemblée générale du 13 juin a voté la résolution suivante :

LE CONGRÈS

Renouvelant ses vœux antérieurs, en faveur de la presse catholique, émet le vœu qu'une commission soit nommée pour étudier toutes les questions se rattachant soit à l'amélioration de cette presse, soit à l'extension de sa publicité.

La commission s'entendra à cet effet avec les journalistes catholiques de Paris et de province, et se mettra en rapport avec toutes les personnes pouvant lui prêter un utile concours.

CONSÉQUENCES A TIRER

DU VOTE

DE L'ASSEMBLÉE GÉNÉRALE

DES CATHOLIQUES

du 13 juin

Ce vote est un suprême appel fait par l'assemblée des catholiques, à tous les hommes d'intelligence et de dévouement qui ont à cœur de mettre un terme à la déplorable situation de la presse catholique dont l'action sur les populations est réduite à ce chiffre désolant de *deux et demi pour cent* de la propagande immense réalisée par ses adversaires.

La délibération ci-dessus indique surtout la nécessité de faire intervenir dans la réorganisation de la presse, les hommes spéciaux qui en connaissent les rouages, aujourd'hui fort compliqués, et qui peuvent alors, mieux que les autres personnes, employer avec connaissance de cause, les divers moyens que les progrès de l'art typographique et de la publicité mettent à notre disposition.

C'est principalement à eux que nous adressons nos réflexions, et nous leur proposons des mesures que nous résumons comme suit :

Les journaux catholiques, déjà unis d'esprit et de cœur dans une commune foi, s'uniront en outre par un lien de mutualité professionnelle et commerciale, autour d'une Agence centrale formée à Paris. Ces rapports de confraternité et de services réciproques, sans solidarité matérielle, laissent à chacun son indépendance et sa responsabilité.

L'Agence établira en province des représentants régionaux et des représentants départementaux pris parmi les journalistes.

Indépendamment de leur affiliation avec l'Agence centrale, des relations professionnelles et commerciales s'établiront entre les représentants de chaque province, pour la réalisation pratique de son objet, et pour l'utilité de tous.

L'objet de l'Agence comprend :

1° La réunion de toutes les informations intéressantes pour la presse; la rédaction des nouvelles et la rédaction des articles de tout genre, dont les matières sont traitées à Paris avec plus de perfection ou de rapidité qu'en province; la composition typographique, le clichage et l'expédition des articles n'ayant pas un caractère urgent; enfin la transmission télégraphique des articles et des informations ne devant pas souffrir de retard.

2° La recherche des annonces et réclames et leur répartition aussi avantageuse que possible entre les journaux adhérents qui, par leur nombre et la nature de leurs lecteurs, peuvent offrir à l'industrie et au commerce une publicité des plus fructueuses.

3° L'étude des moyens de constituer une corporation des écrivains et des journalistes chrétiens pour défendre leurs intérêts moraux et matériels et pour la prospérité de la bonne presse. — Les résultats de cette étude seront soumis aux délibérations de la commission nommée à la suite du vote de l'assemblée générale des catholiques.

Jamais un rapprochement fraternel, une fédération, une action commune des écrivains de la presse catholique ne furent plus nécessaires, plus urgents.

Nous venions à peine de tracer les premières pages de cette brochure, pages inspirées par la grève déclarée dans le Nord, que survient la grève également considérable du département de la Loire, avec cette particularité qu'à

Saint-Chamond, les femmes se sont mises en grève à la suite des hommes.

Des renseignements que nous croyons sûrs permettent de croire que la grève de Saint-Chamond a été précédée de conférences socialistes qui ont préparé les esprits à la cessation du travail, accompagnée d'exigences qui ont paru inacceptables aux industriels de cette ville.

Les doctrines que nous professons, les sentiments qui nous animent pour la classe ouvrière, disposent nous et nos amis à l'étude la plus bienveillante de la question sociale et à l'examen attentif des griefs des ouvriers.

Mais il faut se garder, dans leur intérêt, de laisser compromettre par la propagation d'erreurs économiques graves, par des prétentions insoutenables, ce qu'il y a de légitime dans leurs plaintes et ce qu'il y a surtout d'intéressant dans leurs souffrances.

La question sociale ne peut être dé-

nouée que par les principes larges, généreux, chrétiens de l'association ré-
glementée du CAPITAL et du TRAVAIL.
Les solutions qu'on demande aux délibérations isolées des travailleurs mis en
présence de l'intérêt opposé des patrons,
ces solutions transitoires et superfi-
cielles ne seront jamais durables. Une
trêve peut en sortir, la PAIX SOCIALE,
jamais! La loi du 25 mai 1864 reste im-
puissante.

Dans les conflits auxquels nous assis-
tons, nous voyons se reproduire les
aberrations les plus grossières qui
aient troublé l'esprit des ouvriers, aux
jours les plus mauvais : ainsi l'égalité
des salaires, principe qui ne fut jamais
du goût que des mauvais ouvriers et des
paresseux.

Les dépendances de la question sociale
sont infinies; elles présentent surtout
des complications qui ont besoin d'être
éclairées par des connaissances spéciales

et des renseignements toujours au courant.

Les faiseurs d'abstractions de Paris
nuisent surtout à la cause sociale.

La province, où l'on est plus pratique,
possède des hommes de mérite, rompus
au maniement des choses et du per-
sonnel. Ces hommes obscurs et mo-
destes peuvent apporter un précieux
contingent dans un débat aussi difficile.

La fédération des journaux, une confraternité active entre les écrivains,
mise à la place d'une confraternité de
pure bienséance absolument stérile,
ces moyens de salut que le danger nous
fait invoquer, peuvent faire surgir des
remèdes inattendus. Leur emploi prou-
vera du moins à la classe ouvrière l'intérêt qu'elle inspire dans nos rangs.

L'Œuvre des Cercles catholiques, avec
un zèle, une intelligence et un dévouement qu'on ne saurait trop louer, s'oc-
cupe de la moralisation de la classe
ouvrière, et agit principalement dans le

sens de son instruction et de la direction morale de ses distractions.

En outre de cette action bienfaisante, il est nécessaire d'entrer dans le vif de la question sociale.

Des réflexions pleines de sens et de sagesse se sont produites sur ce sujet, au Congrès du Puy de 1877.

L'alliance des patrons et des travailleurs, sous l'inspiration féconde et pacificatrice de la foi et de la charité, a été étudiée et recommandée là avec une force de logique et d'entraînement qui nous a surtout frappé, dans la lecture d'un rapport fait par le R. P. Ludovic, inspirateur de tant d'œuvres nouvelles remarquables dans la ville d'Angers.

Plus que jamais, il faut s'attacher à réaliser le système ainsi formulé par lui : « Rétablir l'accord entre la morale et l'intérêt, faire rentrer la religion dans les affaires, unir tous les chrétiens au profit de chacun d'eux sur le terrain mixte du travail et de la foi. »

La magnifique initiative de M. Harmel au *Val-des-Bois*, démontre qu'il n'y a rien de chimérique dans ces paroles.

Aussi ne saurions-nous mieux terminer ces réflexions qu'en les couronnant par une nouvelle citation empruntée au rapport du R. P. Ludovic :

« Malgré l'extension effrayante que prend le paupérisme, ceux qui vivent des aumônes du prochain ne forment qu'un petit nombre au sein de la nation. Au-dessus d'eux, il y a la masse innombrable des travailleurs. Voilà le peuple. Il n'est pas pauvre et n'a pas besoin d'aumônes. Et pourtant combien sa position est précaire ! Que de courage il faut au travailleur, dans la lutte contre les difficultés de la vie, s'il veut procurer un peu d'aisance à sa famille, s'il veut s'assurer à lui-même le moyen de se reposer dans ses vieux jours ! Y réussira-t-il ? Tandis qu'il s'efforce de monter l'échelle de la fortune, ne va-t-il pas tomber dans la misère ? Comment le

préserver de ce malheur ? Doit-on l'aban-
donner à ses seules forces ? N'y-a-t-il
rien à faire pour lui, tant qu'il peut
suffire à ses besoins matériels ?

» Si nous posons cette question, c'est
que bien des catholiques ne connaissent d'autre charité que l'aumône. Ils
semblent croire que le pauvre seul a
droit à leur dévouement. En dehors du
pauvre, ils confondent le reste des
chrétiens dans une même indifférence.
Ils éloignent leur cœur de la foule,
circonscrivent leurs affections et les
renferment dans le cercle étroit de la
famille et d'un petit nombre d'amis.
Quelquefois, à l'indifférence, ils ajoutent
des critiques injustes, même amères et
cruelles, car ils reprochent au travailleur chrétien des torts dont tout le
monde est la cause. Si celui-ci vend le
dimanche, si celui-là tient mal son atelier,
est-ce bien leur faute ? N'agiraient-ils
pas autrement si nous voulions les
aider à faire le bien, au lieu de les

pousser fatalement au mal par notre abandon ?

» Que faisons-nous, en effet, pour ces frères que nous rencontrons chaque semaine à l'église, qui viennent écouter la même parole divine, s'agenouiller au même tribunal de la pénitence, se nourrir avec nous du même pain eucharistique ? Notre charité pour eux ne dépasse pas la mesure d'un sentiment banal et stérile. Aucun acte extérieur ne le rend efficace. Il semble qu'un abîme infranchissable existe entre les chrétiens qui travaillent et les chrétiens qui font travailler. L'égoïsme a remplacé partout la charité. Chacun chez soi et chacun pour soi. Il en résulte que le peuple cesse de plus en plus d'être chrétien. Entre lui et les classes élevées, la séparation devient si profonde, si générale que de toutes parts on entend les ouvriers proclamer *qu'ils ne doivent attendre leur salut que d'eux-mêmes, qu'ils n'ont rien à demander ni au gou-*

vernement, ni aux classes dirigeantes.
Les riches, à leur tour, profitent de ces
déclarations inspirées *par le désespoir*
et par la haine, pour *se persuader qu'il
n'y a rien à faire*, et après avoir donné
l'aumône aux pauvres, ils croient AVOIR
LE DROIT de vivre dans l'indifférence et
l'éloignement à l'égard des travailleurs.

» Quelle erreur déplorable ! Est-ce que
le baptême, en nous faisant enfants de
l'Eglise, ne nous a pas agrégés à la
grande famille chrétienne? Est-ce que
ce n'est pas un devoir étroit pour nous
d'aimer plus particulièrement parmi les
membres qui la composent, *ceux qui ont
le plus besoin de conseil, de secours et
d'appui?*

» Cessons de regarder la misère
comme le domaine unique de la charité,
et l'aumône comme son seul acte obligatoire. Puisque tout le monde travaille
ou fait travailler, transportons LA CHA-
RITÉ sur le terrain du travail où elle
pourra déployer à l'aise son action. »

Nous aimons à placer ces paroles évangéliques en parallèle avec les accents provocateurs et virulents de l'écrivain socialiste dont nous avons cité quelques pages au début de ce travail. Et nous répétons qu'il y a à se décider, à choisir entre LA RÉVOLUTION EN PERMANENCE réclamée par Victor Considérant et ses successeurs, bien plus dangereux que lui, et *la solution de la question sociale,* par la loi chrétienne de la CHARITÉ qui est la seule et la véritable mise en pratique des trois principes : LIBERTÉ, ÉGALITÉ, FRATERNITÉ.

Nous insistons donc pour la formation d'urgence d'une ligue de tous les travailleurs chrétiens de la pensée, des écrivains, des journalistes et particulièrement de ceux de la province, dont l'influence légitime ne s'étend pas sur le vaste champ qui lui convient, à l'effet d'étudier tous les points de la question sociale, de la discuter publiquement, dans des feuilles populaires mises à la portée de tous les travailleurs de l'ordre matériel, qui sont nos frères devant Dieu et nos concitoyens souvent des plus dévoués, lorsqu'il s'agit de défendre la patrie.

Des feuilles sympathiques au présent ordre de choses, comme le *Journal des Débats*, sont obligées de reconnaître que des influences occultes cherchent à tirer parti des souffrances des ouvriers, pour les pousser à des entreprises anti-sociales et antipatriotiques.

« On n'a pu, dit ce journal, les attri-buer (les grèves) qu'à la présence d'agents étrangers à la contrée, *obéis-sant eux-mêmes peut-être à un mot d'ordre qui reste* INCONNU. »

A ces excitations ténébreuses il faut opposer des conseils meilleurs, plus sages, inspirés par l'intelligence des besoins légitimes et indiquant les moyens de les soulager.

De bonnes paroles accusant par leur vague la froide sympathie qui les dicte, dé purs conseils de *résignation* comme ceux que donne aux ouvriers *la République française :* ce sont là des moyens dilatoires qui voilent à peine le mal et ne servent en rien à le guérir.

Les influences du jour sont maîtresses d'en rester là, quittes à se laisser dire, comme le leur dit *la Liberté :*

… « Si la République n'arrive point *à rendre les grèves impossibles* en France, elle fera preuve *d'impuissance* et se confondra avec les gouvernements qui l'ont précédée.

» Le fonctionnement de la République ne saurait consister à remplacer Napoléon III par le maréchal de Mac-Mahon, MM. Grévy, Gambétta ou tout autre; à substituer aux fonctionnaires d'autres fonctionnaires; elle doit gouverner dans le sens des *intérêts du plus grand nombre, sans injustice, sans spoliation, sans attentat* aux droits civiques! Toute république qui méconnaît ce programme, usurpe le nom qu'elle porte. »

Or nous, catholiques, nous faisons profession de considérer comme *impuissants* à faire cesser l'antagonisme du *travail* et du *capital*, tous ceux qui refusent de soumettre l'un et l'autre aux règles de notre vieille civilisation chrétienne.

Mais cette croyance nous oblige!!!

Il ne nous suffit pas d'avoir ces convictions dans le cœur. Il faut qu'elles sortent de nos lèvres et se répandent de tous côtés, pour éclairer nos frères et leur servir de consolation et de soutien. Selon la parole de l'Ecriture, la *vérité* connue, vulgarisée, sera un instrument de délivrance : *veritas liberabit vos!*

Donc, UNION immédiate et ACTION de la presse catholique, se mettant à la portée des ouvriers, des travailleurs, du peuple, pour défendre ses intérêts, lui être utile, *moralement* et *matériellement!*

Nous prions tous nos confrères de la presse en particulier, et aussi tous les hommes de foi et de charité qui jugeront ce programme bon, utile, opportun, de vouloir bien se mettre en rapport avec nous, pour sa mise à exécution pratique; le concours de toutes les bonnes volontés est nécessaire!

Prière d'adresser les communications à l'auteur de cette brochure, à Paris, quai d'Orsay, 1

Imprimerie des Apprentis orphelins. — Roussel. — 40, rue La Fontaine. — Paris-Auteuil.